Impressum
Verlag: BABADADA GmbH, Nedderfeld 112 , 22529 Hamburg
Geschäftsführer / Verlagsleitung: Harald Hof
Druck: Books on Demand GmbH, In de Tarpen 42, 22848 Norderstedt

Imprint
Publisher: BABADADA GmbH, Nedderfeld 112 , 22529 Hamburg, Germany
Managing Director / Publishing direction: Harald Hof
Print: Books on Demand GmbH, In de Tarpen 42, 22848 Norderstedt

de school
école

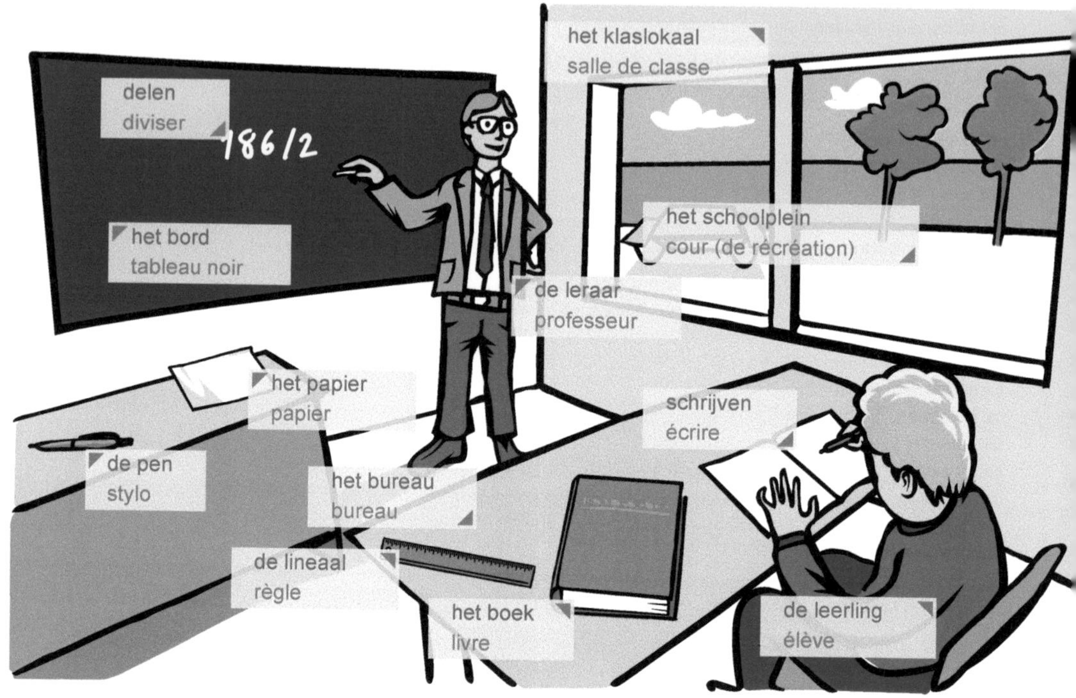

het klaslokaal
salle de classe
delen
diviser
186/2
het bord
tableau noir
het schoolplein
cour (de récréation)
de leraar
professeur
het papier
papier
schrijven
écrire
de pen
stylo
het bureau
bureau
de lineaal
règle
het boek
livre
de leerling
élève

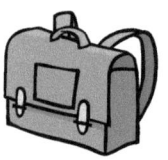

de schooltas
cartable

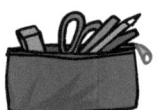

de etui
trousse

het potlood
crayon

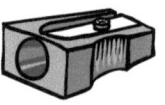

de puntenslijper
taille-crayon

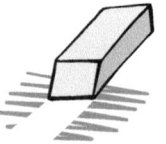

de gum
gomme

het schetsblok
carnet à dessin

de tekening

dessin

het penseel

pinceau

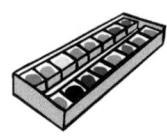

de verfdoos

boîte de peinture

de schaar

ciseaux

de lijm

colle

het schrift

cahier d'exercices

het huiswerk

devoirs

12

het getal

chiffre

2+2

optellen

additionner

5-2

aftrekken

soustraire

2×2

vermenigvuldigen

multiplier

rekenen

calculer

A

de letter

lettre

**ABCDEFG
HIJKLMN
OPQRSTU
VWXYZ**

het alfabet

alphabet

het woord

mot

de tekst
texte

lezen
lire

het krijt
craie

de les
leçon

het klassenboek
livre de classe

het examen
examen

het diploma
certificat

het schooluniform
uniforme scolaire

de opleiding
formation

de encyclopedie
lexique

de universiteit
université

de microscoop
microscope

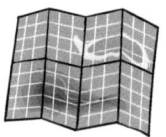

de kaart
carte

de prullenmand
corbeille à papier

de reis
voyage

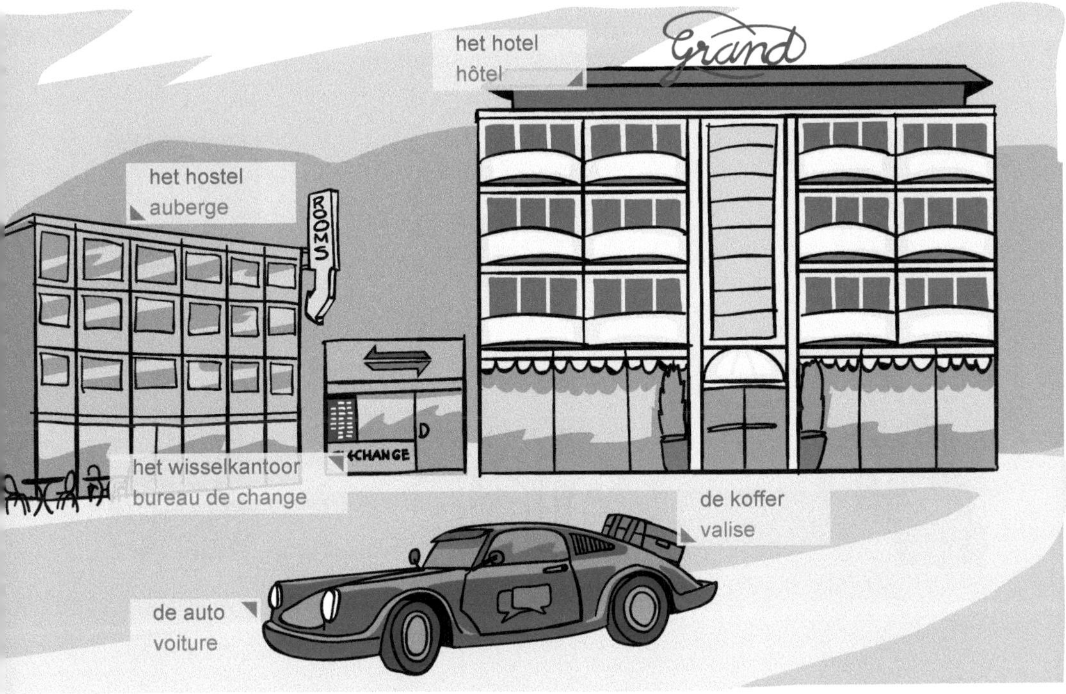
het hotel
hôtel
Grand
het hostel
auberge
ROOMS
het wisselkantoor
bureau de change
CHANGE
de koffer
valise
de auto
voiture

de taal
langue

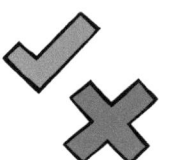

ja / nee
oui / non

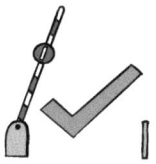

oké
d'accord

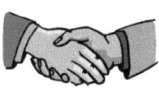

Hallo!
Salut

de tolk
interprète

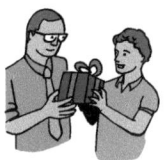

Bedankt.
merci

Wat kost ...?

Combien coûte...?

Ik begrijp het niet.

Je ne comprends pas

het probleem

problème

Goedenavond!

Bonsoir !

Goedemorgen!

Bonjour !

Goedenacht!

Bonne nuit !

Tot ziens!

Au revoir

de richting

direction

de bagage

bagages

de tas

sac

de rugzak

sac-à-dos

de gast

hôte

de kamer

pièce

de slaapzak

sac de couchage

de tent

tente

de reis - voyage

het VVV-kantoor

office de tourisme

het strand

plage

de creditkaart

carte de crédit

het ontbijt

petit-déjeuner

de lunch

déjeuner

het diner

dîner

het kaartje

billet

de lift

ascenseur

de postzegel

timbre

de grens

frontière

de douane

douane

de ambassade

ambassade

het visum

visa

het paspoort

passeport

de reis - voyage

het transport

transport

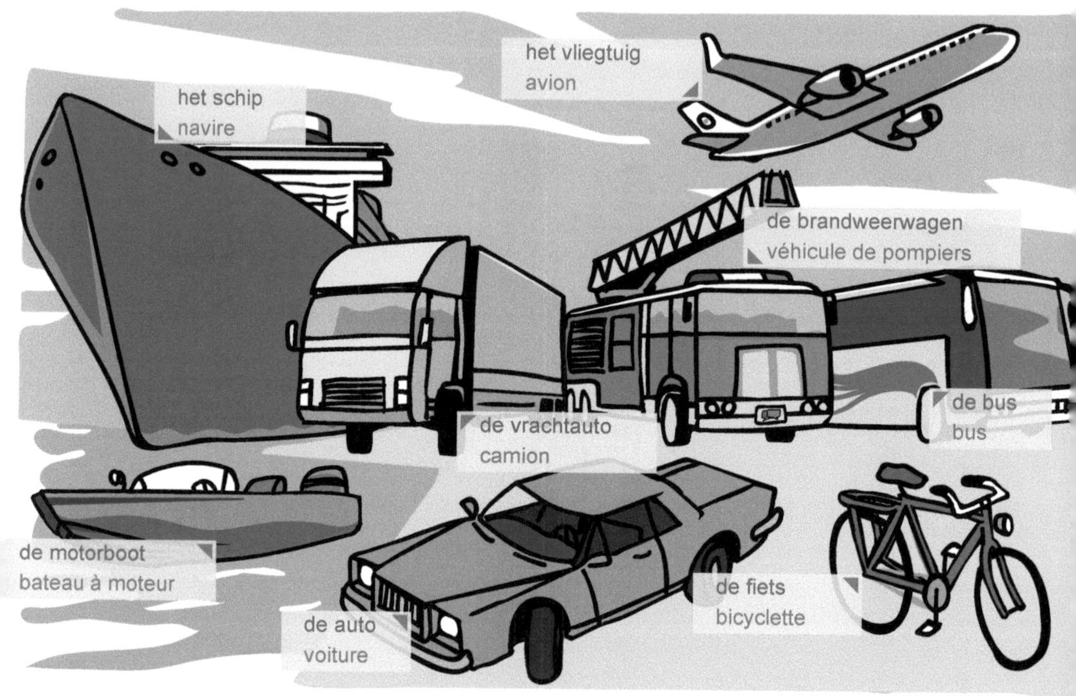
het vliegtuig
avion
het schip
navire
de brandweerwagen
véhicule de pompiers
de bus
bus
de vrachtauto
camion
de motorboot
bateau à moteur
de fiets
bicyclette
de auto
voiture

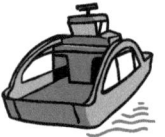

de veerboot

ferry

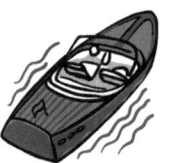

de boot

barque

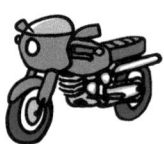

de motorfiets

moto

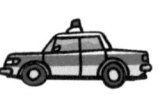

de politiewagen

voiture de police

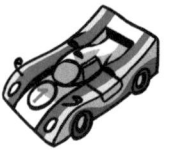

de raceauto

voiture de course

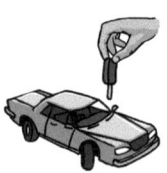

de huurauto

voiture de location

de carsharing

auto-partage

de takelwagen

voiture de remorquage

de vuilniswagen

benne à ordures

de motor

moteur

de benzine

essence

de benzinepomp

station d'essence

het verkeersbord

panneau indicateur

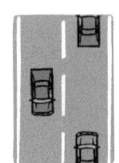

het verkeer

trafic

de file

embouteillage

de parkeerplaats

parking

het station

gare

de rails

rails

de trein

train

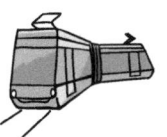

de tram

tramway

de wagon

wagon

de helikopter
hélicoptère

de luchthaven
aéroport

de toren
tour

de passagier
passager

de container
conteneur

de verhuisdoos
carton

de kar
chariot

de mand
corbeille

opstijgen / landen
décoller / atterrir

de stad

ville

het dorp
village

het stadscentrum
centre-ville

het huis
maison

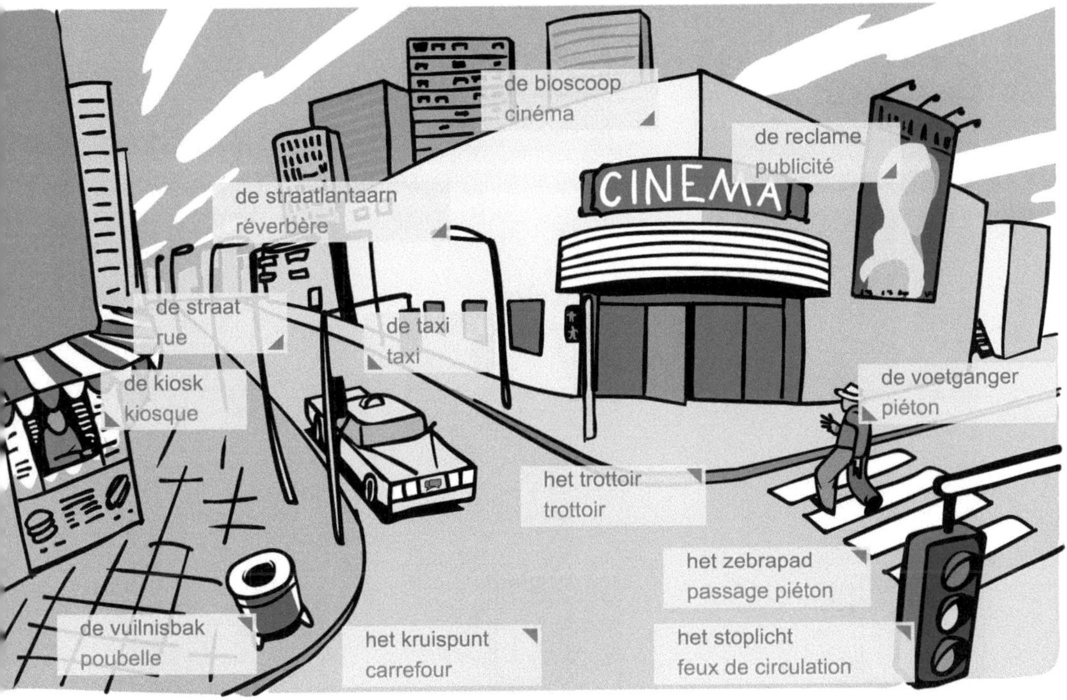

de bioscoop
cinéma

de reclame
publicité

de straatlantaarn
réverbère

CINEMA

de straat
rue

de taxi
taxi

de kiosk
kiosque

de voetganger
piéton

het trottoir
trottoir

het zebrapad
passage piéton

de vuilnisbak
poubelle

het kruispunt
carrefour

het stoplicht
feux de circulation

de hut

cabane

het appartement

appartement

het station

gare

het stadhuis

mairie

het museum

musée

de school

école

de universiteit

université

de bank

banque

het ziekenhuis

hôpital

het hotel

hôtel

de apotheek

pharmacie

het kantoor

bureau

de boekenwinkel

librairie

de winkel

magasin

de bloemenwinkel

fleuriste

de supermarkt

supermarché

de markt

marché

het warenhuis

grand magasin

de visboer

poissonnerie

het winkelcentrum

centre commercial

de haven

port

het park

parc

de bank

banque

de brug

pont

de trap

escaliers

de metro

métro

de tunnel

tunnel

de bushalte

arrêt de bus

de bar

bar

het restaurant

restaurant

de brievenbus

boîte à lettres

het straatnaambord

panneau indicateur

de parkeermeter

parcmètre

de dierentuin

zoo

het zwembad

piscine

de moskee

mosquée

de boerderij
ferme

de vervuiling
pollution

de begraafplaats
cimetière

de kerk
église

de speelplaats
aire de jeux

de tempel
temple

het landschap

paysage

het blad
feuille

de wegwijzer
panneau indicateur

de weg
chemin

de weide
pré

de steen
pierre

de wandelaar
randonneur

de boom
arbre

de rivier
rivière

het gras
herbe

de bloem
fleur

de vallei
vallée

de berg
montagne

het meer
lac

het bos
forêt

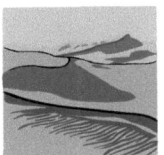

de woestijn
désert

de vulkaan
volcan

het kasteel
château

de regenboog
arc-en-ciel

de paddenstoel
champignon

de palmboom
palmier

de mug
moustique

de vlieg
mouche

de mier
fourmis

de bij
abeille

de spin
araignée

het landschap - paysage

de kever

coléoptère

de kikker

grenouille

de eekhoorn

écureuil

de egel

hérisson

de haas

lièvre

de uil

chouette

de vogel

oiseau

de zwaan

cygne

het wild zwijn

sanglier

het hert

cerf

de eland

élan

de stuwdam

barrage

de windmolen

éolienne

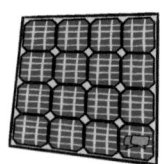

het zonnepaneel

panneau solaire

het klimaat

climat

het restaurant
restaurant

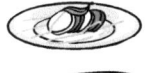

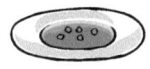

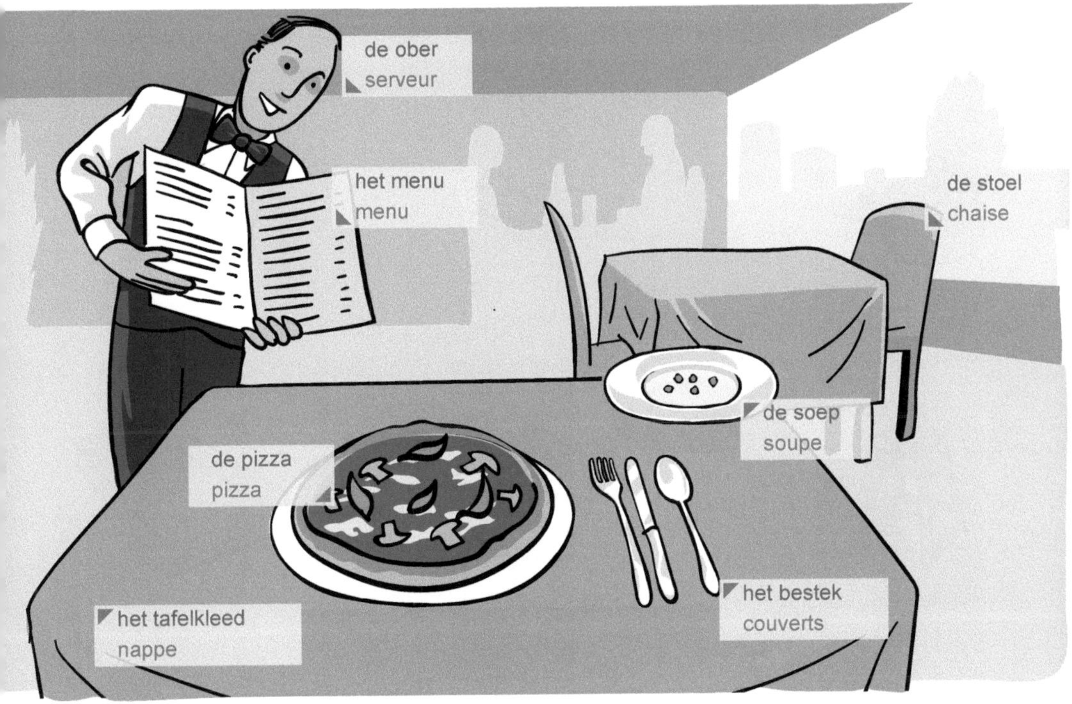
de ober
serveur
het menu
menu
de stoel
chaise
de soep
soupe
de pizza
pizza
het bestek
couverts
het tafelkleed
nappe

het voorgerecht

hors d'œuvre

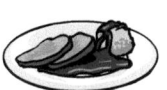

het hoofdgerecht

plat principal

het toetje

dessert

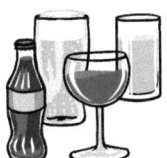

de dranken

boissons

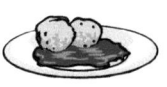

het eten

alimentation

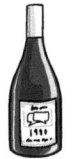

de fles

bouteille

de/het fastfood

fast-food

het eetkraampje

plats à emporter

de theepot

théière

de suikerpot

sucrier

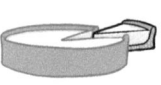

de portie

portion

de espressomachine

machine à expresso

de kinderstoel

chaise haute

de rekening

facture

het dienblad

plateau

het mes

couteau

de vork

fourchette

de lepel

cuillère

de theelepel

cuillère à thé

het servet

serviette

het glas

verre

het bord

assiette

het soepbord

assiette à soupe

de schotel

soucoupe

de saus

sauce

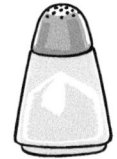

het zoutvaatje

salière

de pepermolen

moulin à poivre

de azijn

vinaigre

de olie

huile

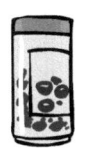

de kruiden

épices

de ketchup

ketchup

de mosterd

moutarde

de mayonaise

mayonnaise

de supermarkt
supermarché

de aanbieding
offre promotionnelle
FOR
de klant
client
de zuivelproducten
produits laitiers
het fruit
fruits
de winkelwagen
chariot

BUTCHERS

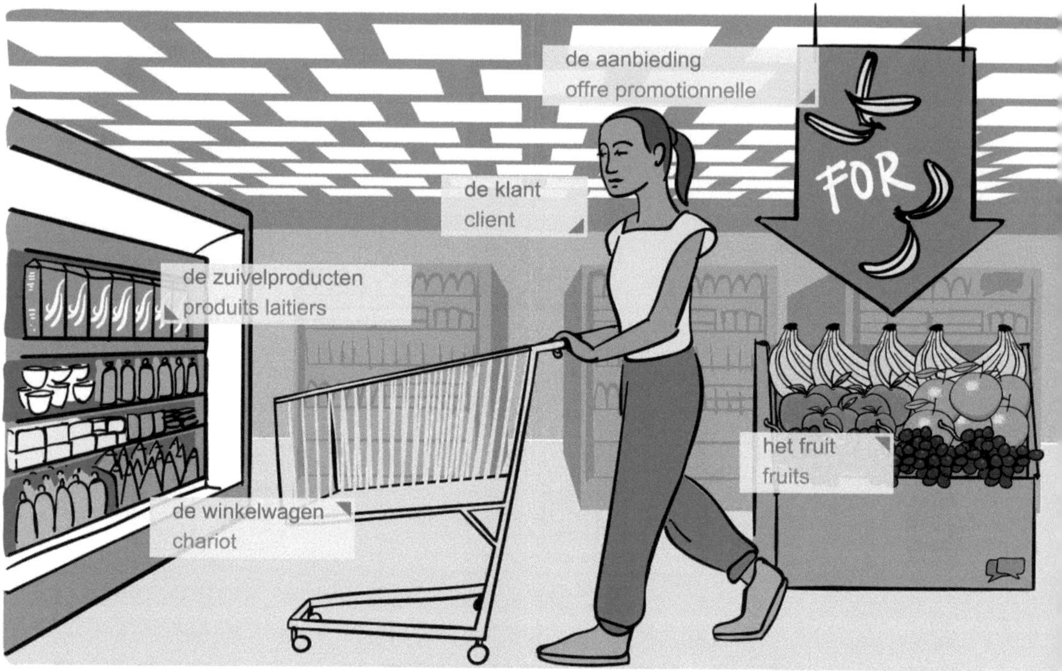

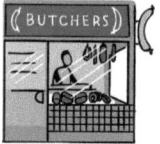

de slager

boucherie

BAKERY

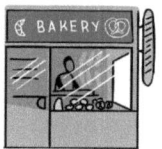

de bakkerij

boulangerie

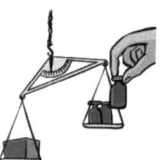

wegen

peser

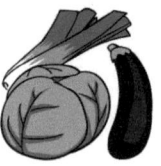

de groente

légumes

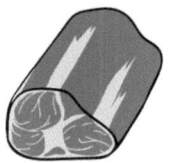

het vlees

viande

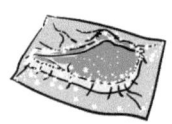

de diepvriesproducten

aliments surgelés

de vleeswaren

charcuterie

de conserven

conserves

het wasmiddel

poudre à lessive

het snoepgoed

bonbons

de huishoudelijke artikelen

articles ménagers

het schoonmaakmiddel

détergents

de verkoopster

vendeuse

de kassa

caisse

de kassier

caissier

het boodschappenlijstje

liste d'achats

de openingstijden

heures d'ouverture

de portefeuille

portefeuille

de creditkaart

carte de crédit

de tas

sac

de plastic zak

sac en plastique

het water

eau

het sap

jus de fruit

de melk

lait

de cola

coca

de wijn

vin

het bier

bière

de alcohol

alcool

de chocolademelk

chocolat chaud

de thee

thé

de koffie

café

de espresso

expresso

de cappuccino

cappuccino

de banaan

banane

de appel

pomme

de sinaasappel

orange

de watermeloen

melon

de citroen

citron

de wortel

carotte

de knoflook

ail

de bamboe

bambou

de ui

oignon

de paddenstoel

champignon

de noten

noisettes

de pasta

pâtes

de spaghetti

spaghetti

de rijst

riz

de salade

salade

de friet

pommes frites

de gebakken aardappelen

pommes de terre rôties

de pizza

pizza

de hamburger

hamburger

de sandwich

sandwich

de schnitzel

escalope

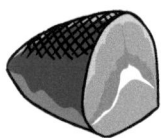

de ham

jambon

de salami

salami

de worst

saucisse

de kip

poulet

het gebraad

rôti

de vis

poisson

de havermout

flocons d'avoine

de muesli

muesli

de cornflakes

cornflakes

het meel

farine

de croissant

croissant

de broodjes

petits-pains

het brood

pain

de toast

pain grillé

de koekjes

biscuits

de boter

beurre

de kwark

le fromage blanc

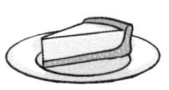

de taart

gâteau

het ei

œuf

het gebakken ei

œuf au plat

de kaas

fromage

het ijs
glace

de suiker
sucre

de honing
miel

de jam
confiture

de chocoladepasta
crème nougat

de kerrie
curry

de boerderij

ferme

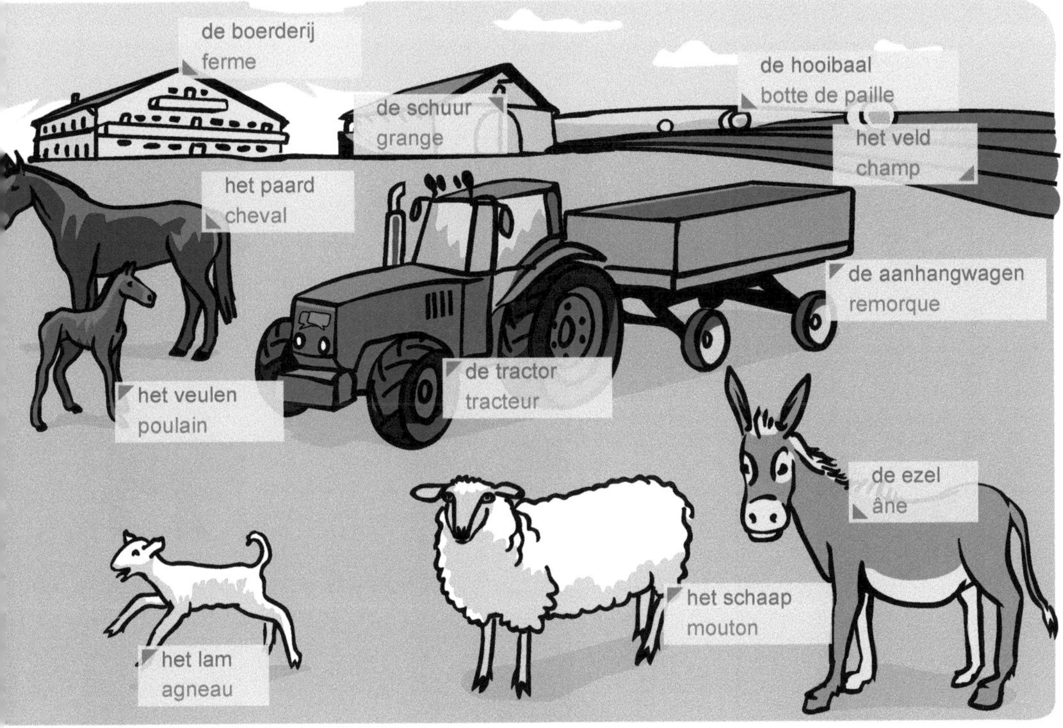
de boerderij
ferme
de schuur
grange
de hooibaal
botte de paille
het veld
champ
het paard
cheval
de aanhangwagen
remorque
de tractor
tracteur
het veulen
poulain
de ezel
âne
het schaap
mouton
het lam
agneau

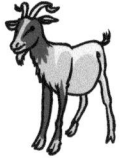

de geit

chèvre

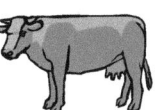

de koe

vache

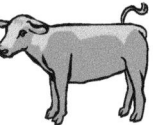

het kalf

veau

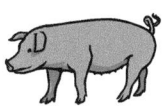

het varken

porc

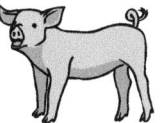

de big

porcelet

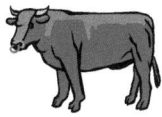

de stier

taureau

de gans

oie

de eend

canard

het kuiken

poussin

de kip

poule

de haan

coq

de rat

rat

de kat

chat

de muis

souris

de os

bœuf

de hond

chien

het hondenhok

chenil

de tuinslang

tuyau de jardin

de gieter

arrosoir

de zeis

faucheuse

de ploeg

charrue

de sikkel

faucille

de schoffel

pioche

de hooivork

fourche

de bijl

hache

de kruiwagen

brouette

de trog

cuve

de melkbus

pot à lait

de zak

sac

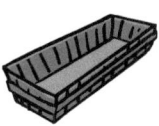

het hek

clôture

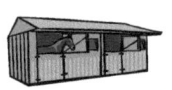

de stal

étable

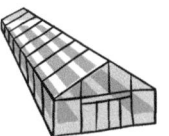

de broeikas

serre

de grond

sol

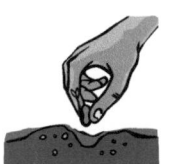

het zaad

semences

de mest

engrais

de maaidorser

moissonneuse-batteuse

oogsten

récolter

de oogst

récolte

de yam

igname

de tarwe

blé

de soja

soja

de aardappel

pomme de terre

de maïs

maïs

het koolzaad

colza

de fruitboom

arbre fruitier

de maniok

manioc

de granen

céréales

het huis
maison

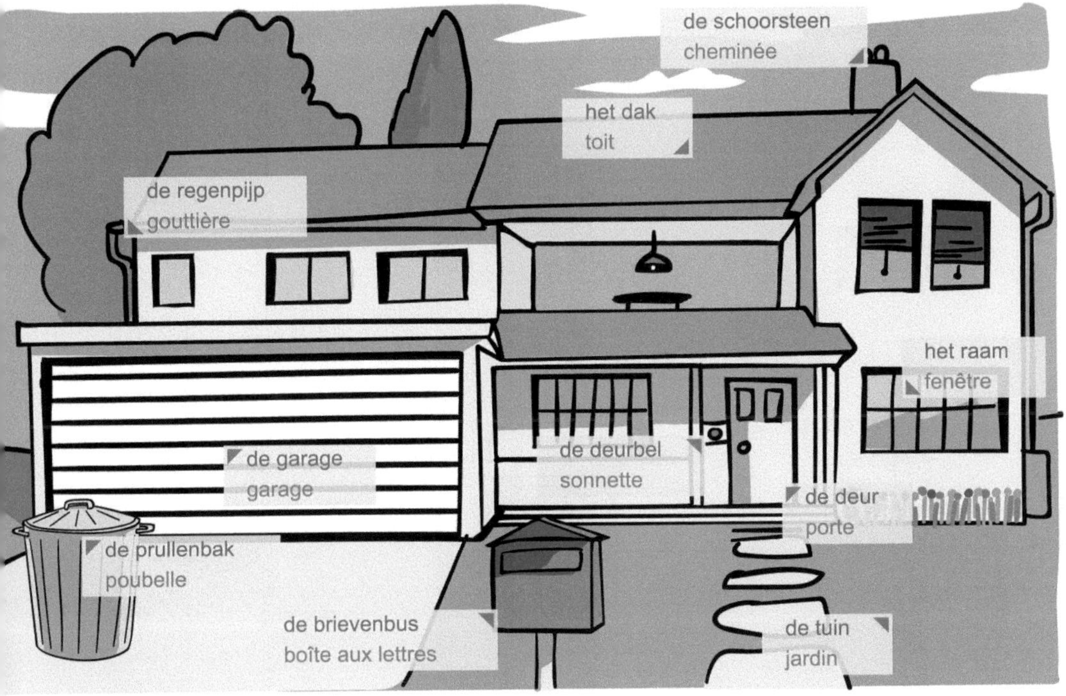
de schoorsteen
cheminée
het dak
toit
de regenpijp
gouttière
het raam
fenêtre
de garage
garage
de deurbel
sonnette
de deur
porte
de prullenbak
poubelle
de brievenbus
boîte aux lettres
de tuin
jardin

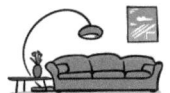

de woonkamer

salon

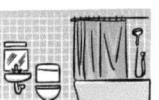

de badkamer

salle de bain

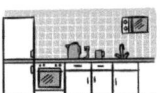

de keuken

cuisine

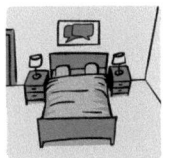

de slaapkamer

chambre à coucher

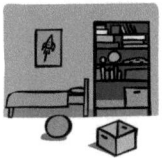

de kinderkamer

chambre d'enfant

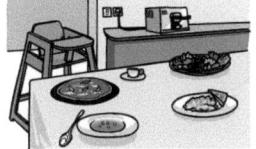

de eetkamer

salle à manger

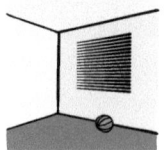

de vloer
sol

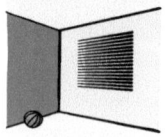

de muur
mur

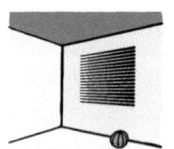

het plafond
plafond

de kelder
cave

de sauna
sauna

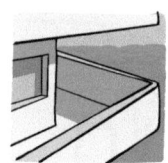

het balkon
balcon

het terras
terrasse

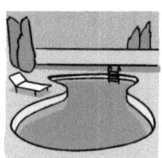

het zwembad
piscine

de grasmaaier
tondeuse à gazon

het laken
housse

de bedsprei
couette

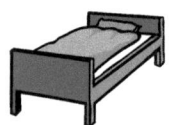

het bed
lit

de bezem
balai

de emmer
sceau

de schakelaar
interrupteur

de woonkamer
salon

het behang
papier peint
de foto
image
de lamp
lampe
de plank
étagère
de kast
armoire
de televisie
télé
de open haard
cheminée
de bloem
fleur
het kussen
coussin
het bankstel
sofa
de vaas
vase
de afstandsbediening
télécommande

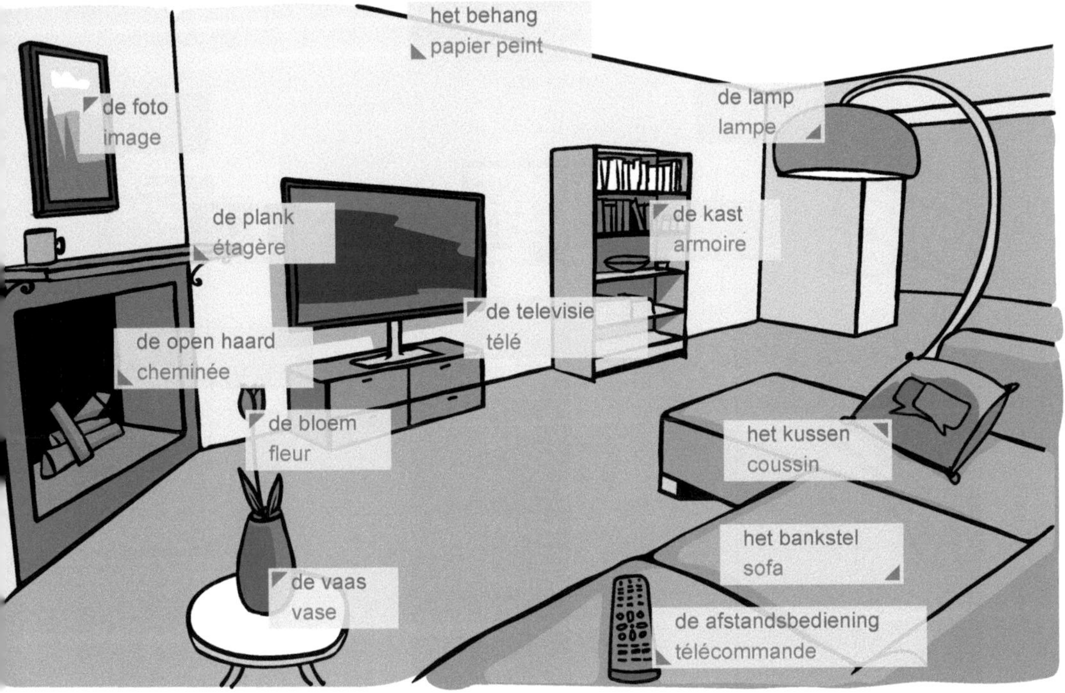

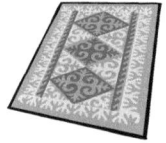

het tapijt
tapis

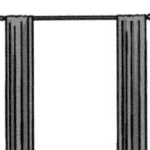

het gordijn
rideau

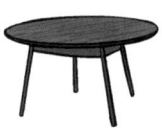

de tafel
table

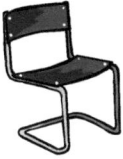

de stoel
chaise

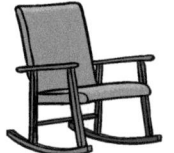

de schommelstoel
chaise à bascule

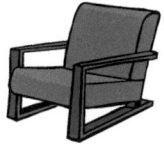

de stoel
fauteuil

het boek
livre

de deken
couverture

de decoratie
décoration

het brandhout
bois de chauffage

de film
film

de stereo-installatie
chaîne hi-fi

de sleutel
clé

de krant
journal

het schilderij
peinture

de poster
poster

de radio
radio

het kladblok
bloc-notes

de stofzuiger
aspirateur

de cactus
cactus

de kaars
bougie

de keuken
cuisine

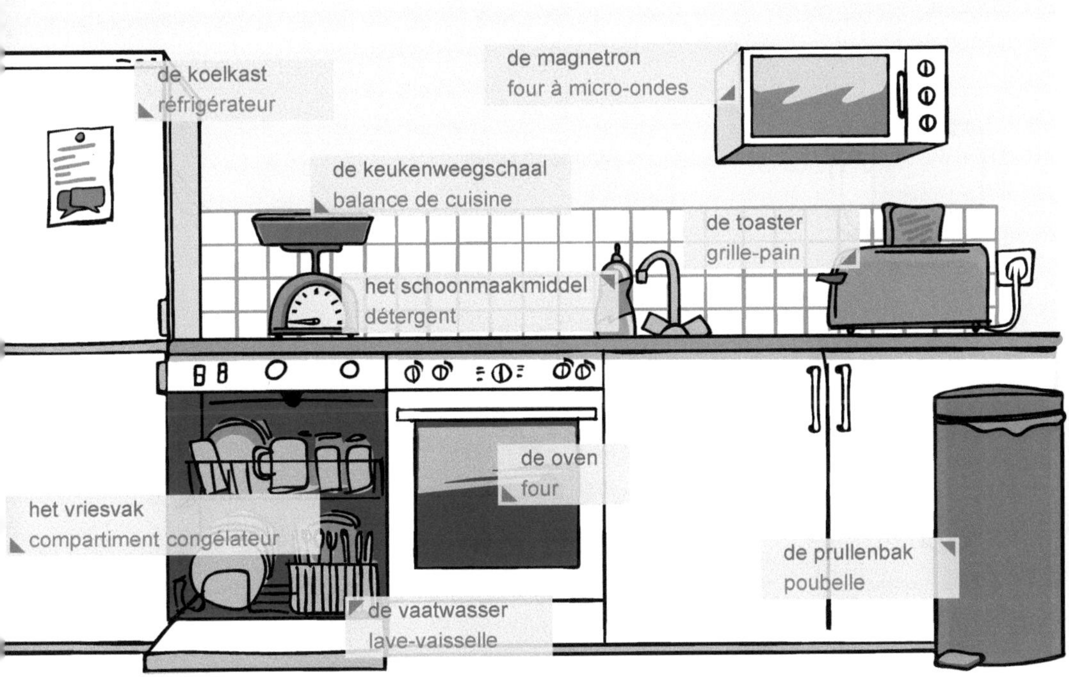
de koelkast
réfrigérateur
de magnetron
four à micro-ondes
de keukenweegschaal
balance de cuisine
de toaster
grille-pain
het schoonmaakmiddel
détergent
de oven
four
het vriesvak
compartiment congélateur
de prullenbak
poubelle
de vaatwasser
lave-vaisselle

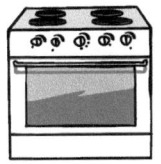

het fornuis

four

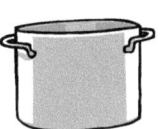

de pan

casserole

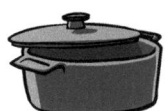

de gietijzeren pan

marmite

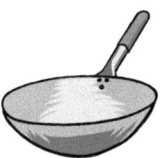

de wok / kadai

wok / kadai

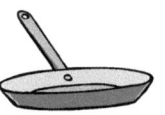

de koekenpan

poêle

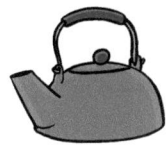

de ketel

bouilloire electrique

de stoomkoker

cuiseur vapeur

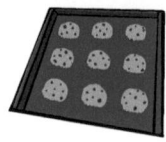

de bakplaat

plaque de cuisson

het servies

vaisselle

de beker

gobelet

de kom

coupe

de eetstokjes

baguettes

de soeplepel

louche

de spatel

spatule

de garde

fouet

het vergiet

passoire

de zeef

tamis

de rasp

râpe

de vijzel

mortier

de barbecue

barbecue

de vuurhaard

cheminée

de snijplank

planche à découper

de deegroller

rouleau à pâtisserie

de kurkentrekker

tire-bouchon

het blik

boîte

de blikopener

ouvre-boîte

de pannenlap

maniques

de wasbak

lavabo

de borstel

brosse

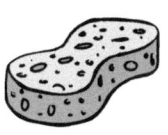

de spons

éponge

de blender

mixeur

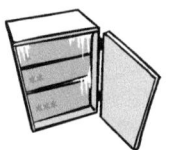

de vriezer

congélateur

het babyflesje

biberon

de kraan

robinet

de badkamer

salle de bain

de douche
douche

de verwarming
chauffage

de handdoek
serviette

het douchegordijn
rideau de douche

het bubbelbad
bain moussant

het bad
baignoire

het glas
verre

de wasmachine
machine à laver

de kraan
robinet

de tegels
carrelage

het potje
pot

de wasbak
lavabo

het toilet

toilettes

het hurktoilet

toilette à la turque

de/het bidet

bidet

het urinoir

urinoir

het toiletpapier

papier toilette

de toiletborstel

brosse à toilette

de tandenborstel

brosse à dents

de tandpasta

dentifrice

het flosdraad

fil dentaire

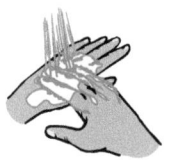

wassen

laver

de handdouche

douche manuelle

de toiletdouche

douche intime

de waskom

vasque

de rugborstel

brosse dorsale

de zeep

savon

de douchegel

gel douche

de shampoo

shampooing

het washandje

gant de toilette

de afvoer

écoulement

de creme

crème

de deodorant

déodorant

de spiegel
miroir

de make-upspiegel
miroir cosmétique

het scheermes
rasoir

het scheerschuim
mousse à raser

de aftershave
après-rasage

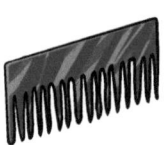

de kam
peigne

de borstel
brosse

de haardroger
sèche-cheveux

de haarspray
laque pour cheveux

de make-up
fond de teint

de lippenstift
rouge à lèvres

de nagellak
vernis à ongles

de watten
ouate

het nagelschaartje
coupe-ongles

de/het parfum
parfum

de toilettas

trousse de toilette

de kruk

tabouret

de weegschaal

pèse-personne

de badjas

peignoir

de rubber handschoenen

gants de nettoyage

de tampon

tampon

het maandverband

serviettes hygiéniques

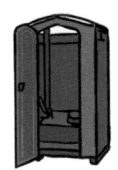

het chemisch toilet

toilette chimique

de kinderkamer
chambre d'enfant

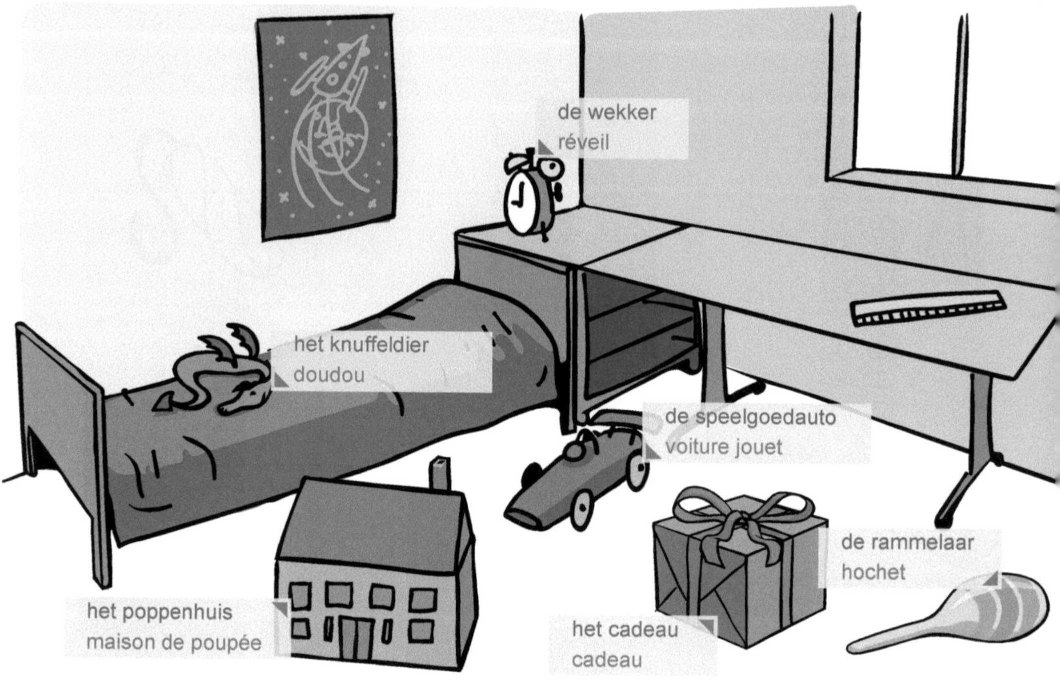
de wekker
réveil
het knuffeldier
doudou
de speelgoedauto
voiture jouet
de rammelaar
hochet
het poppenhuis
maison de poupée
het cadeau
cadeau

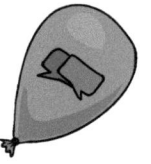

de ballon

ballon

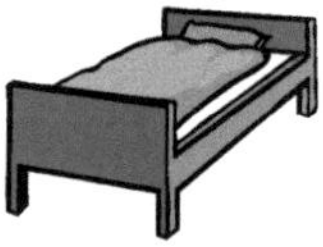

het bed

lit

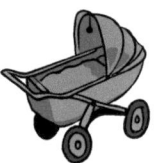

de kinderwagen

poussette

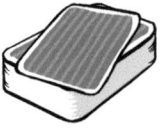

het kaartspel

jeu de cartes

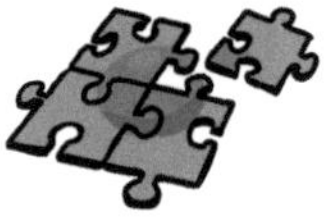

de puzzel

puzzle

SUPER
MEGA

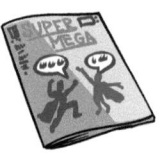

het stripverhaal

bande dessinée

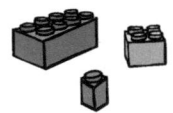

de legostenen

pièces lego

de speelgoedblokken

blocs de construction

het actiefiguurtje

figurine

de romper

grenouillère

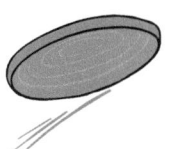

de frisbee

frisbee

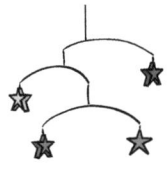

de/het mobile

mobile

het bordspel

jeu de société

de dobbelsteen

dé

de modeltrein

train miniature

de speen

sucette

het feestje

fête

het prentenboek

livre d'images

de bal

balle

de pop

poupée

spelen

jouer

de zandbak

bac à sable

de schommel

balançoire

het speelgoed

jouets

de spelcomputer

console de jeu

de driewieler

tricycle

het speelgoed

de teddybeer

ours en peluche

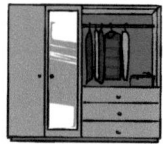

de kleerkast

armoire

de kleding

vêtements

de sokken

chaussettes

de kousen

bas

de panty

collant

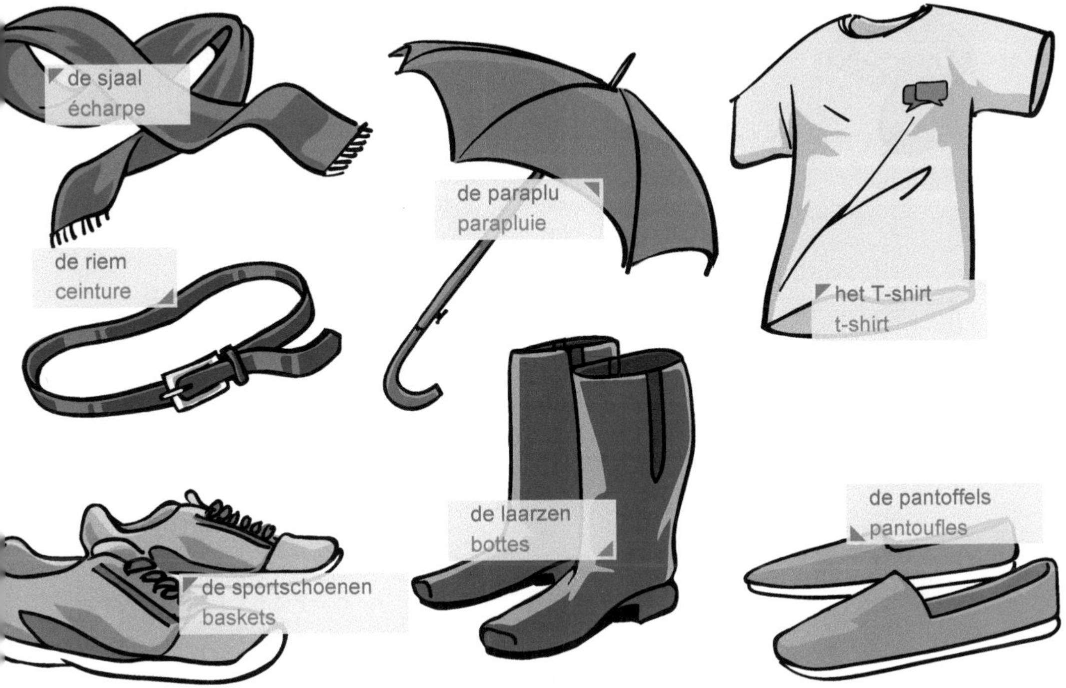

de sjaal
écharpe

de paraplu
parapluie

het T-shirt
t-shirt

de riem
ceinture

de laarzen
bottes

de pantoffels
pantoufles

de sportschoenen
baskets

de sandalen
....
sandales

de schoenen
....
chaussures

de rubberlaarzen
....
bottes de caoutchouc

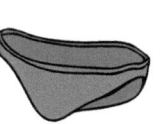

de onderbroek
....
sous-vêtements

de beha
....
soutien-gorge

het onderhemd
....
maillot de corps

de kleding - vêtements

de body

body

de broek

pantalon

de spijkerbroek

jean

de rok

jupe

de blouse

chemisier

het overhemd

chemise

de trui

pull

de hoody

sweat à capuche

de blazer

veste

de jas

veste

de mantel

manteau

de regenjas

imperméable

het kostuum

costume

de jurk

robe

de trouwjurk

robe de mariée

het pak

costume

het nachthemd

chemise de nuit

de pyjama

pyjama

de sari

sari

de hoofddoek

foulard

de tulband

turban

de boerka

burqa

de kaftan

caftan

de abaja

abaya

het zwempak

maillot de bain

de zwembroek

maillot de bain

de korte broek

short

het trainingspak

tenue d'entraînement

de/het schort

tablier

de handschoenen

gants

de knoop

bouton

de bril

lunettes

de armband

bracelet

de ketting

collier

de ring

bague

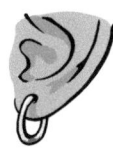

de oorbel

boucle d'oreille

de pet

bonnet

de kledinghanger

cintre

de hoed

chapeau

de stropdas

cravate

de rits

fermeture éclair

de helm

casque

de bretels

bretelles

het schooluniform

uniforme scolaire

het uniform

uniforme

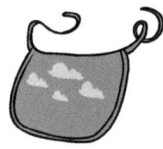

het slabbetje

bavoir

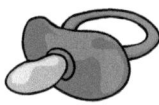

de speen

sucette

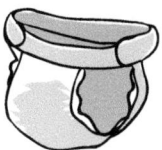

de luier

lange

het kantoor

bureau

de server
serveur
de archiefkast
armoire d'archivage
et papier
apier
de printer
imprimante
het beeldscherm
écran
het bureau
bureau
de muis
souris
de map
classeur
het toetsenbord
clavier
de prullenmand
corbeille à papier
de computer
ordinateur
de stoel
chaise

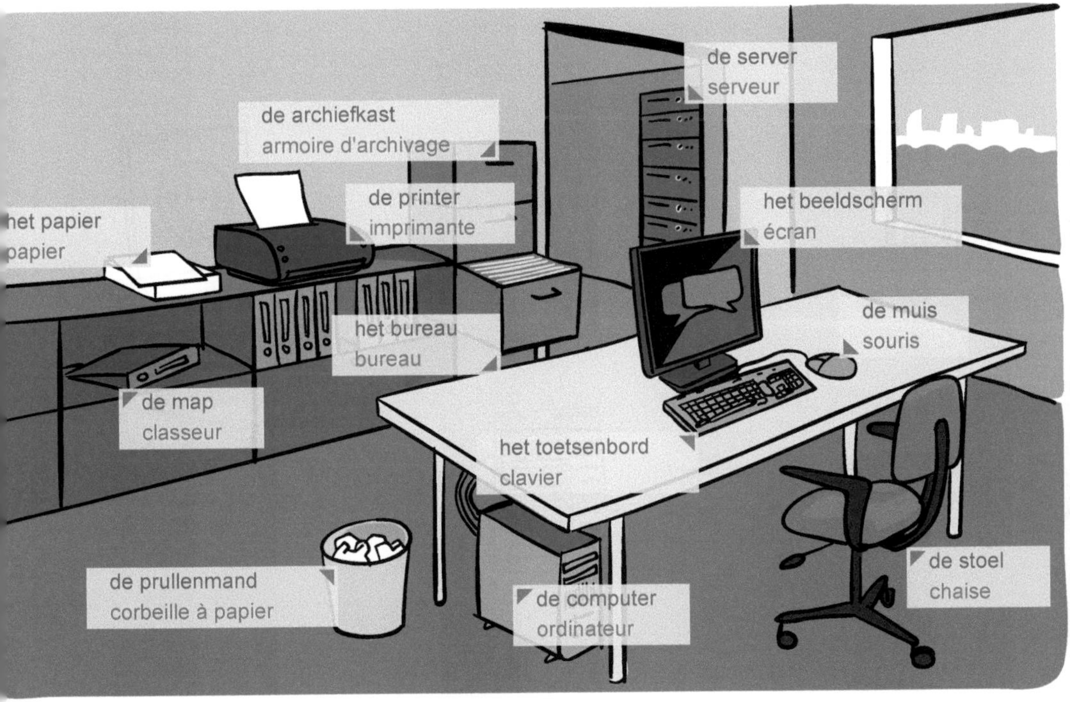

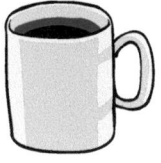

de koffiemok

tasse de café

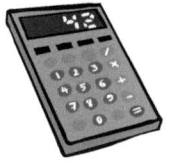

de rekenmachine

calculatrice

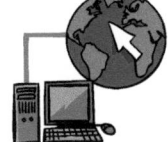

het internet

internet

de laptop

ordinateur portable

de brief

lettre

het bericht

message

de mobiele telefoon

portable

het netwerk

réseau

de kopieermachine

photocopieuse

de software

logiciel

de telefoon

téléphone

het stopcontact

prise

de fax

fax

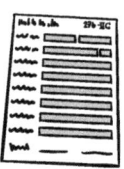

het formulier

formulaire

het document

document

kopen

acheter

betalen

payer

handel drijven

faire du commerce

het geld

monnaie

 USD

de dollar

dollar

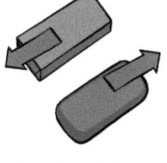 EUR

de euro

euro

 JPY

de yen

yen

 RUB

de roebel

rouble

 CHF

de Zwitserse frank

franc suisse

 CNY

de renminbi yuan

renminbi yuan

 INR

de roepie

roupie

de geldautomaat

distributeur automatique

het wisselkantoor

bureau de change

het goud

or

het zilver

argent

de olie

pétrole

de energie

énergie

de prijs

prix

het contract

contrat

de belasting

taxe

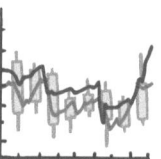

het aandeel

action

werken

travailler

de werknemer

employé

de werkgever

employeur

de fabriek

usine

de winkel

magasin

de beroepen
professions

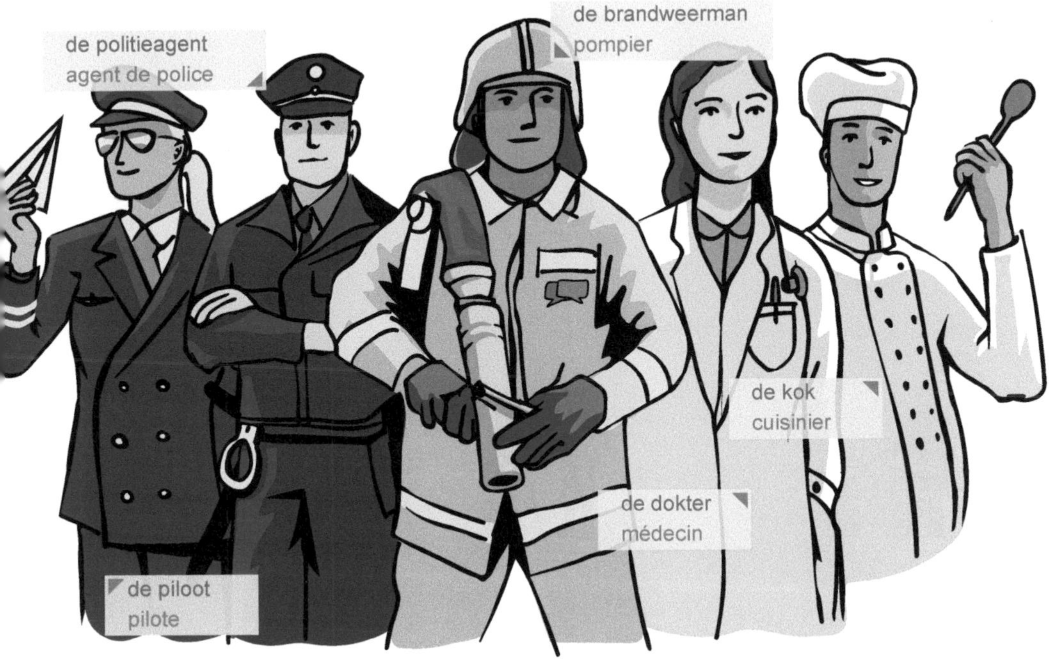
de brandweerman
pompier
de politieagent
agent de police
de kok
cuisinier
de dokter
médecin
de piloot
pilote

de tuinman

jardinier

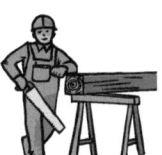

de timmerman

menuisier

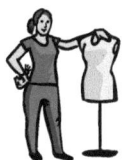

de naaister

couturière

de rechter

juge

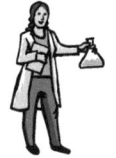

de scheikundige

chimiste

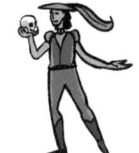

de toneelspeler

acteur

de buschauffeur

conducteur de bus

de taxichauffeur

chauffeur de taxi

de visser

pêcheur

de schoonmaakster

femme de ménage

de dakdekker

couvreur

de ober

serveur

de jager

chasseur

de schilder

peintre

de bakker

boulanger

de elektricien

électricien

de bouwvakker

ouvrier

de ingenieur

ingénieur

de slager

boucher

de loodgieter

plombier

de postbode

facteur

de soldaat
soldat

de architect
architecte

de kassier
caissier

de bloemist
fleuriste

de kapper
coiffeur

de conducteur
contrôleur

de monteur
mécanicien

de kapitein
capitaine

de tandarts
dentiste

de wetenschapper
scientifique

de rabbi
rabbin

de imam
imam

de monnik
moine

de pastoor
prêtre

het gereedschap
outils

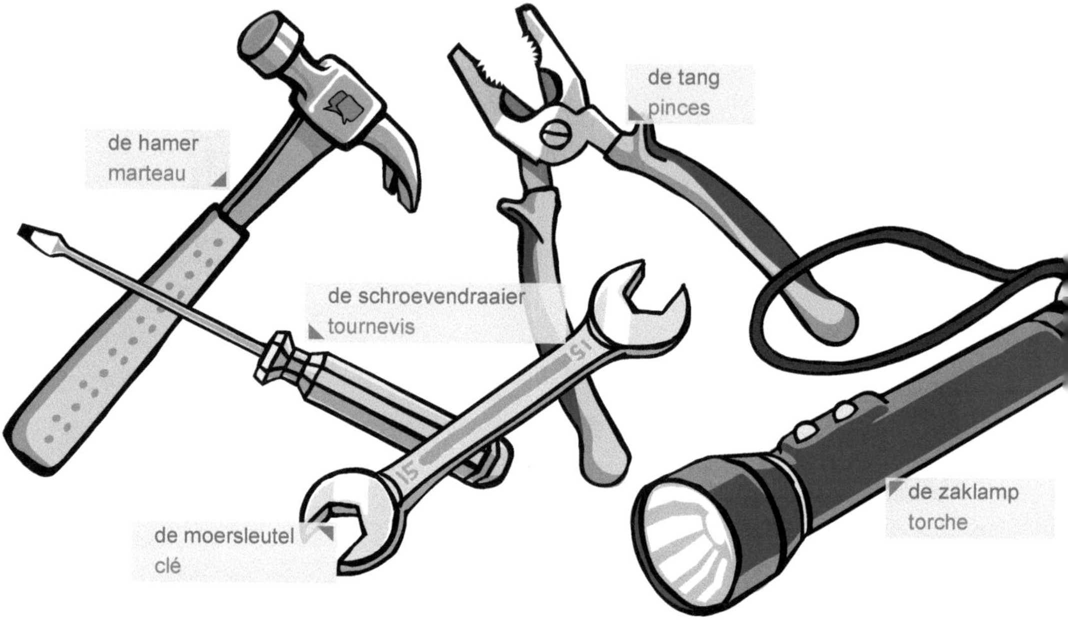
de hamer
marteau
de tang
pinces
de schroevendraaier
tournevis
de moersleutel
clé
de zaklamp
torche

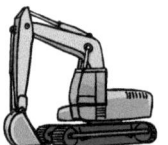

de graafmachine

pelleteuse

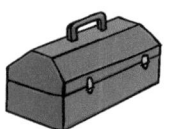

de gereedschapskist

boîte à outils

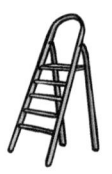

de ladder

échelle

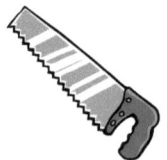

de zaag

scie

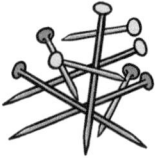

de spijkers

clous

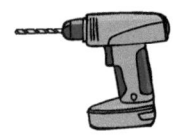

de boor

perceuse

repareren

réparer

de schep

pelle

Verdorie!

Mince !

het stofblik

pelle

de verfpot

pot de peinture

de schroeven

vis

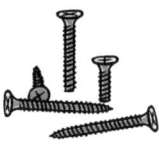

de muziekinstrumenten

instruments de musique

de luidspreker
haut-parleurs

het drumstel
batterie

de gitaar
guitare

de contrabas
contrebasse

de trompet
trompette

de piano

piano

de viool

violon

de bas

basse

de pauk

timbales

de trommel

tambour

het keyboard

piano électrique

de saxofoon

saxophone

de fluit

flûte

de microfoon

microphone

de dierentuin

zoo

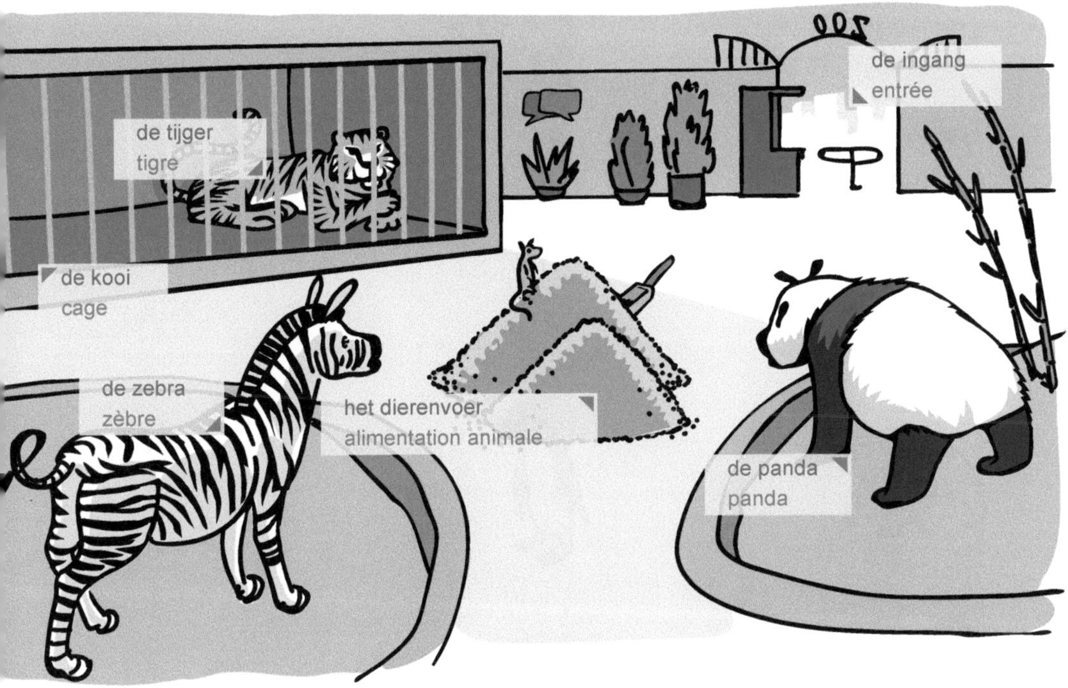

zoo
de ingang
entrée
de tijger
tigre
de kooi
cage
de zebra
zèbre
het dierenvoer
alimentation animale
de panda
panda

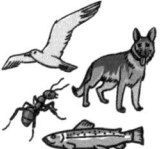

de dieren
animaux

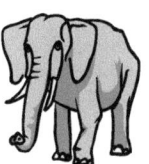

de olifant
éléphant

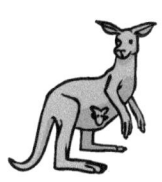

de kangoeroe
kangourou

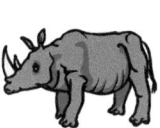

de neushoorn
rhinocéros

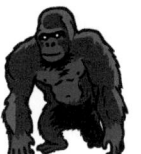

de gorilla
gorille

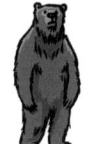

de beer
ours

de kameel

chameau

de struisvogel

autruche

de leeuw

lion

de aap

singe

de flamingo

flamand rose

de papegaai

perroquet

de ijsbeer

ours polaire

de pinguïn

pingouin

de haai

requin

de pauw

paon

de slang

serpent

de krokodil

crocodile

de dierenverzorger

gardien de zoo

de zeehond

phoque

de jaguar

jaguar

de pony

poney

de/het luipaard

léopard

het nijlpaard

hippopotame

de giraffe

girafe

de adelaar

aigle

het wild zwijn

sanglier

de vis

poisson

de schildpad

tortue

de walrus

morse

de vos

renard

de gazelle

gazelle

American football
american Football

wielrennen
cyclisme

tennis
tennis

basketbal
basket-ball

zwemmen
natation

boksen
boxe

ijshockey
hockey sur glace

voetbal
football

badminton
badminton

atletiek
athlétisme

handbal
handball

skiën
ski

polo
polo

de activiteiten
activités

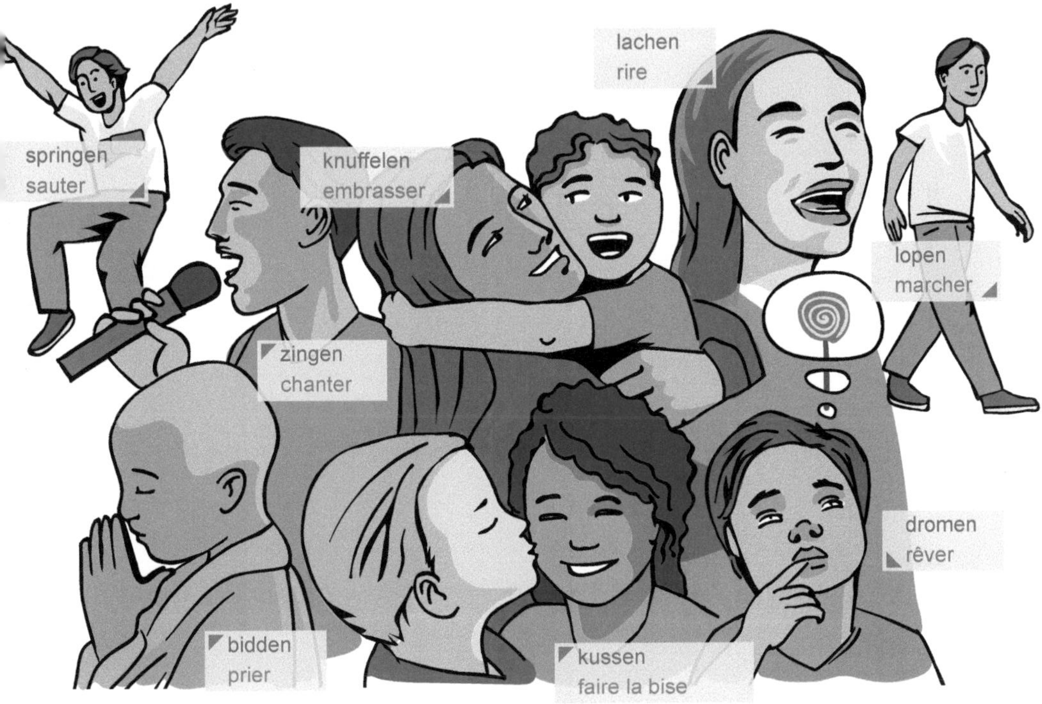
lachen
rire
springen
sauter
knuffelen
embrasser
lopen
marcher
zingen
chanter
dromen
rêver
bidden
prier
kussen
faire la bise

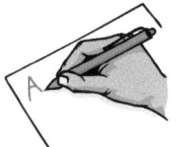

schrijven
écrire

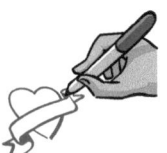

tekenen
dessiner

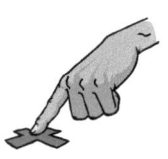

tonen
montrer

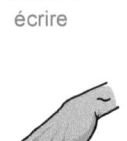

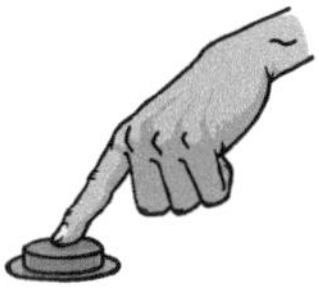

duwen
pousser

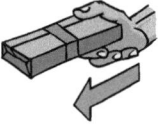

geven
donner

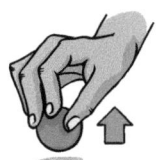

oppakken
prendre

hebben
avoir

doen
faire

zijn
être

staan
être debout

rennen
courir

trekken
trier

gooien
jeter

vallen
tomber

liggen
être couché

wachten
attendre

dragen
porter

zitten
être assis

aankleden
s'habiller

slapen
dormir

wakker worden
se réveiller

bekijken

regarder

huilen

pleurer

strelen

caresser

kammen

peigner

praten

parler

begrijpen

comprendre

vragen

demander

horen

écouter

drinken

boire

eten

manger

opruimen

ranger

houden van

aimer

koken

cuire

rijden

conduire

vliegen

voler

zeilen

faire de la voile

rekenen

calculer

lezen

lire

leren

apprendre

werken

travailler

trouwen

se marier

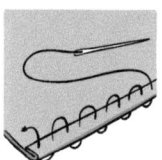

naaien

coudre

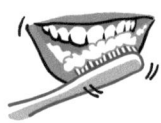

tandenpoetsen

brosser les dents

doden

tuer

roken

fumer

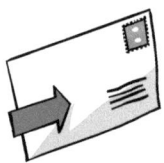

verzenden

envoyer

de familie

famille

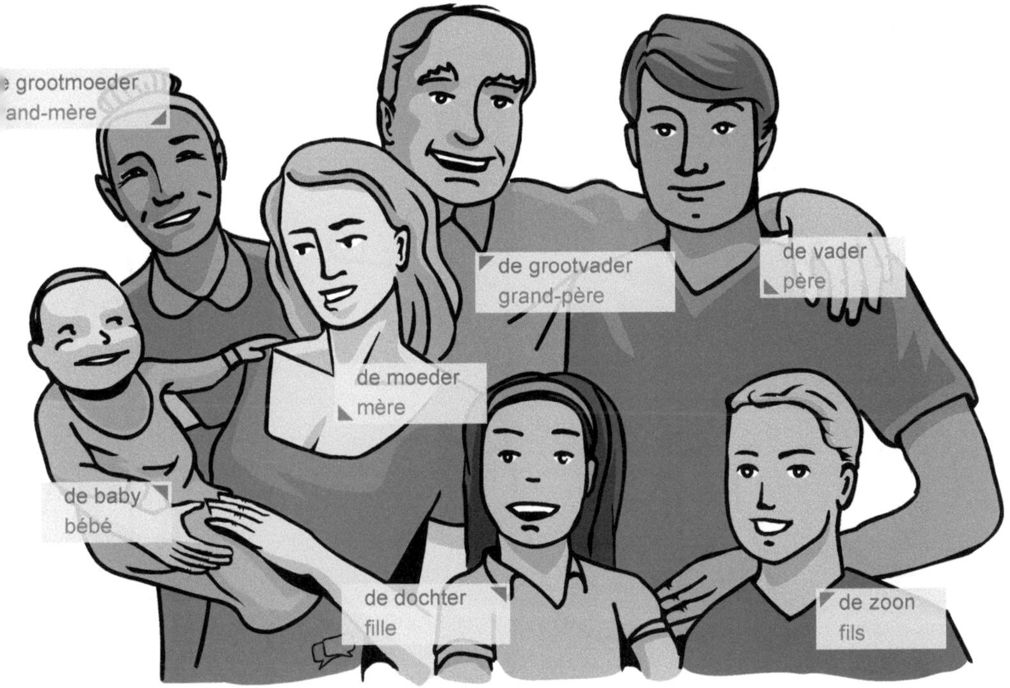

e grootmoeder
and-mère
de grootvader
grand-père
de vader
père
de moeder
mère
de baby
bébé
de dochter
fille
de zoon
fils

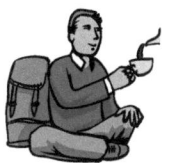

de gast

hôte

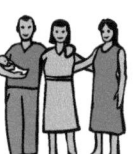

de tante

tante

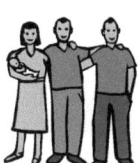

de oom

oncle

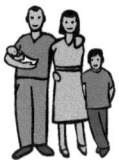

de broer

frère

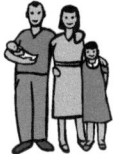

de zus

sœur

het lichaam

corps

het voorhoofd
front
het oog
œil
de schouder
épaule
de vinger
doigt
het gezicht
visage
de kin
menton
de hand
main
het been
jambe
de borst
poitrine
de arm
bras

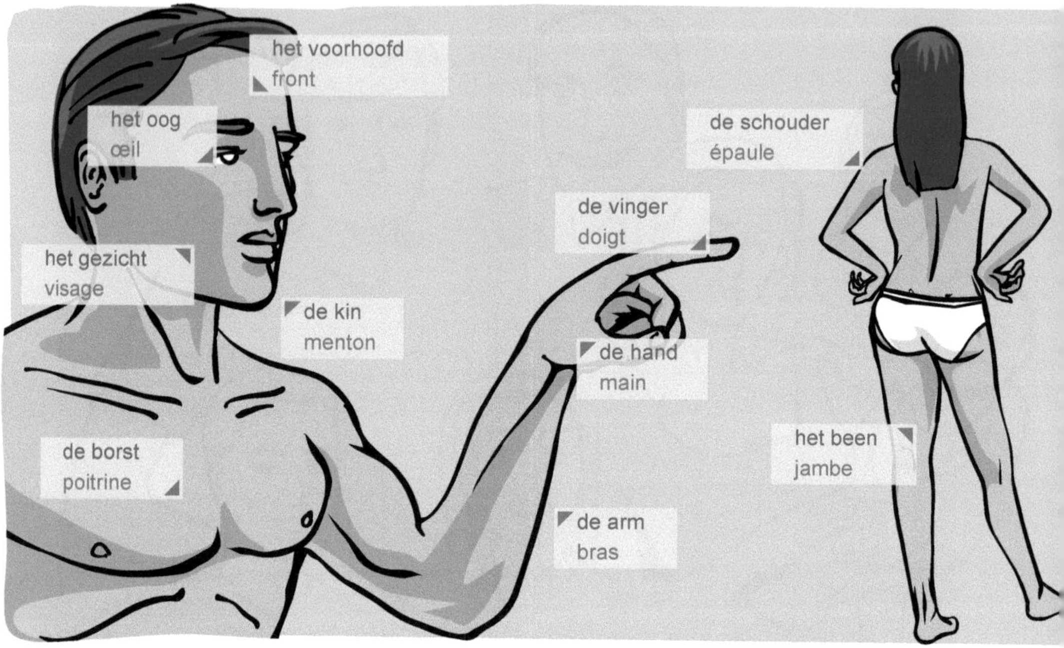

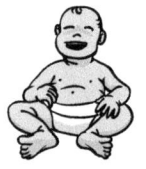

de baby

bébé

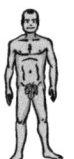

de man

homme

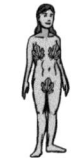

de vrouw

femme

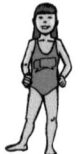

het meisje

fille

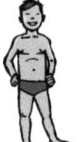

de jongen

garçon

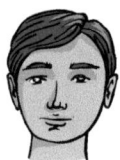

het hoofd

tête

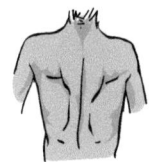

de rug
dos

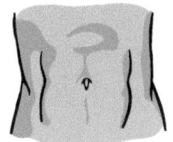

de buik
ventre

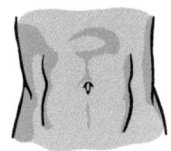

de navel
nombril

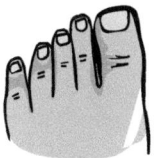

de teen
orteil

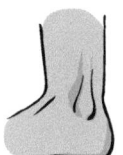

de hiel
talon

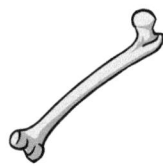

het bot
os

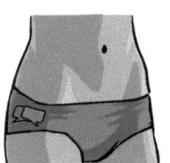

de heup
hanche

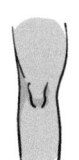

de knie
genou

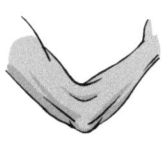

de elleboog
coude

de neus
nez

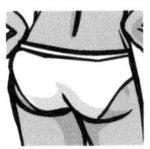

het achterwerk
fesses

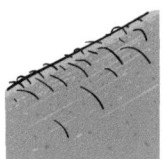

de huid
peau

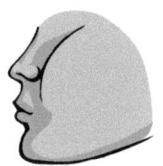

de wang
joue

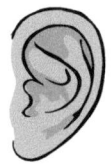

het oor
oreille

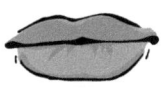

de lippen
lèvre

de mond

bouche

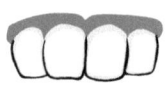

de tand

dent

de tong

langue

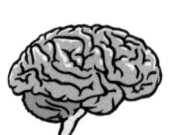

de hersenen

cerveau

het hart

cœur

de spier

muscle

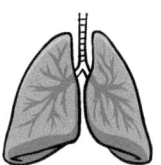

de long

poumons

de lever

foie

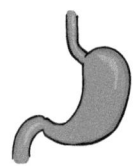

de maag

estomac

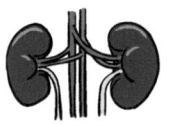

de nieren

reins

de geslachtsgemeenschap

rapport sexuel

het condoom

préservatif

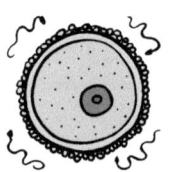

de eicel

ovule

het sperma

sperme

de zwangerschap

grossesse

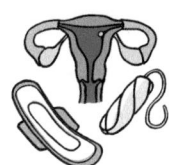

de menstruatie
menstruation

de vagina
vagin

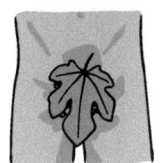

de penis
pénis

de wenkbrauw
sourcil

het haar
cheveux

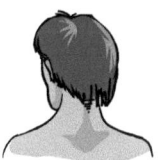

de hals
cou

het ziekenhuis
hôpital

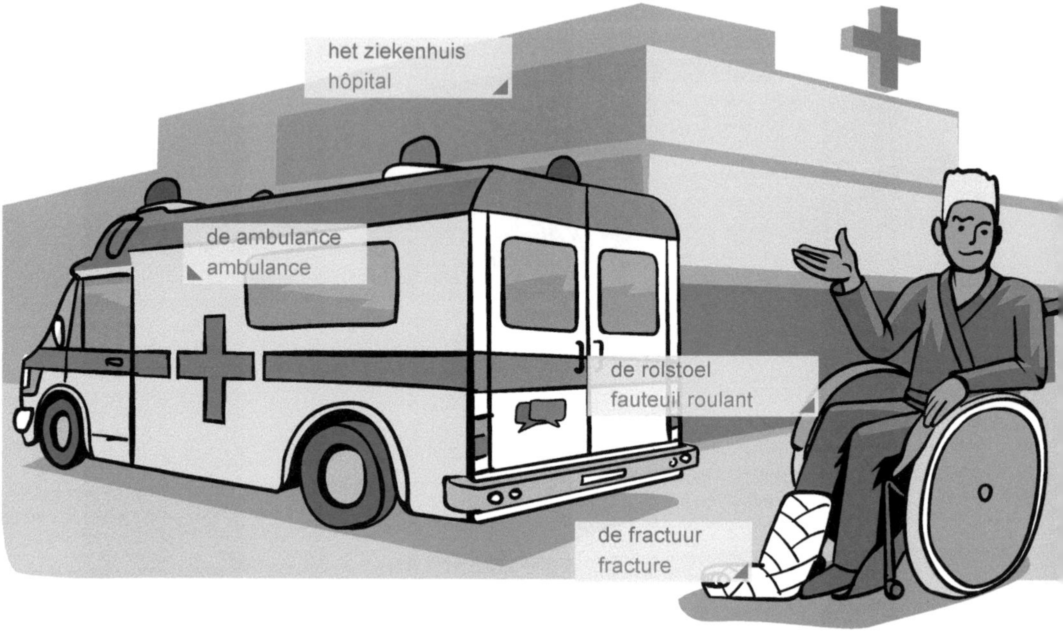

het ziekenhuis
hôpital
de ambulance
ambulance
de rolstoel
fauteuil roulant
de fractuur
fracture

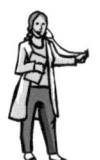

de dokter

médecin

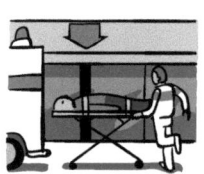

de EHBO

service des urgences

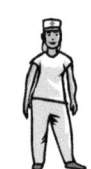

de verpleegster

infirmière

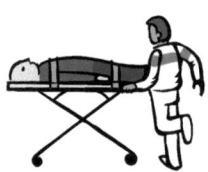

het noodgeval

urgence

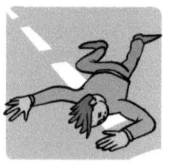

bewusteloos

inconscient

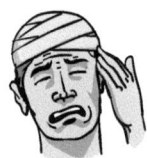

de pijn

douleur

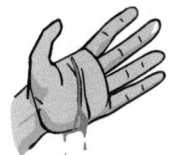

de verwonding

blessure

de bloeding

hémorragie

de hartaanval

crise cardiaque

de beroerte

attaque cérébrale

de allergie

allergie

de hoest

toux

de koorts

fièvre

de griep

grippe

de diarree

diarrhée

de hoofdpijn

mal de tête

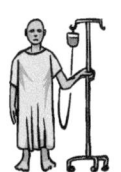

de kanker

cancer

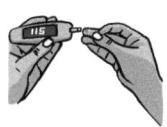

de diabetes

diabète

de chirurg

chirurgien

het scalpel

scalpel

de operatie

opération

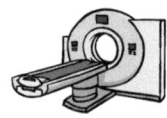

de CT

CT

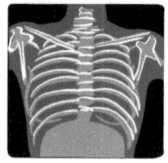

de röntgen

radiographie

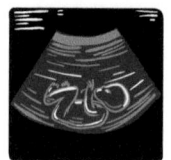

de echografie

échographie

het gezichtsmasker

masque

de ziekte

maladie

de wachtkamer

salle d'attente

de kruk

béquille

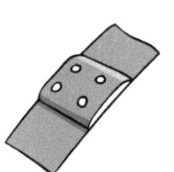

de pleister

pansement

het verband

pansement

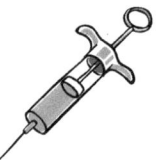

de injectie

injection

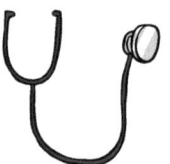

de stethoscoop

stéthoscope

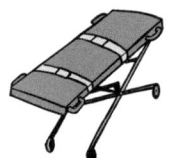

de brancard

brancard

de thermometer

thermomètre

de geboorte

accouchement

het overgewicht

surcharge pondérale

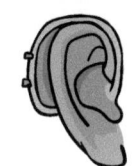

het gehoorapparaat

appareil auditif

het ontsmettingsmiddel

désinfectant

de infectie

infection

het virus

virus

(de) HIV / AIDS

VIH / sida

het medicijn

médicament

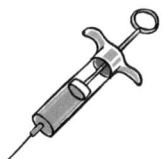

de inenting

vaccination

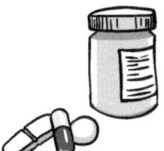

de tabletten

comprimés

de pil

pilule

het alarmnummer

appel d'urgence

de bloeddrukmeter

tensiomètre

ziek / gezond

malade / sain

Help!

Au secours !

het alarm

alarme

de overval

assaut

de aanval

attaque

het gevaar

danger

de nooduitgang

sortie de secours

Brand!

Au feu!

de brandblusser

extincteur

het ongeluk

accident

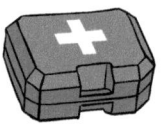

de EHBO-koffer

trousse de premier secours

SOS

SOS

de politie

police

Europa

Europe

Noord-Amerika

Amérique du Nord

Zuid-Amerika

Amérique du Sud

Afrika

Afrique

Azië

Asie

Australië

Australie

de Atlantische Oceaan

Océan atlantique

de Stille Oceaan

Océan pacifique

de Indische Oceaan

Océan indien

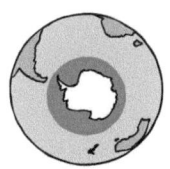

de Zuidelijke Oceaan

Océan antarctique

de Noordelijke IJszee

Océan arctique

de Noordpool

pôle nord

de Zuidpool

pôle sud

Antarctica

Antarctique

de aarde

terre

het land

pays

de zee

mer

het eiland

île

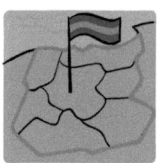

de natie

nation

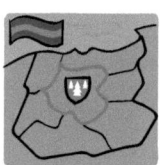

de staat

état

de wijzerplaat

cadran

de uurwijzer

aiguille des heures

de minutenwijzer

aiguille des minutes

de secondewijzer

aiguille des secondes

Hoe laat is het?

Quelle heure est-il ?

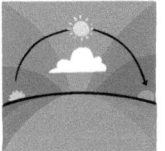

de dag

jour

de tijd

temps

nu

maintenant

het digitaal horloge

montre digitale

de minuut

minute

het uur

heure

de week

semaine

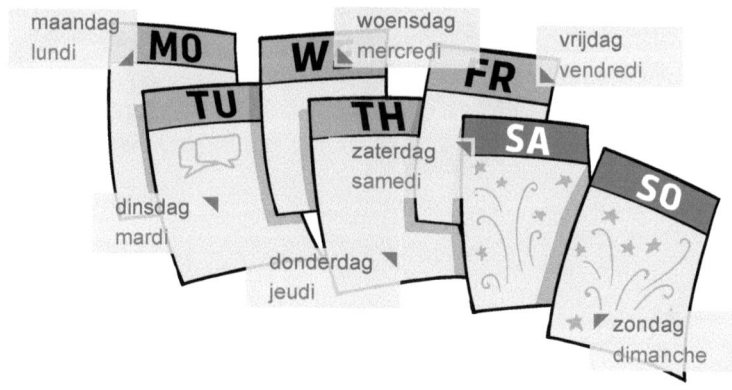

maandag
lundi

woensdag
mercredi

vrijdag
vendredi

dinsdag
mardi

zaterdag
samedi

donderdag
jeudi

zondag
dimanche

gisteren

hier

vandaag

aujourd'hui

morgen

demain

de ochtend

matin

de middag

midi

de avond

soir

de werkdagen

jours ouvrables

het weekend

week-end

het jaar
année

de regen
pluie
de regenboog
arc-en-ciel
de sneeuw
neige
de wind
vent
het voorjaar
printemps
de zomer
été
de herfst
automne
de winter
hiver

4.APRIL 11°
5.APRIL 4°
6.APRIL 13°
7.APRIL 8°
8.APRIL 10°

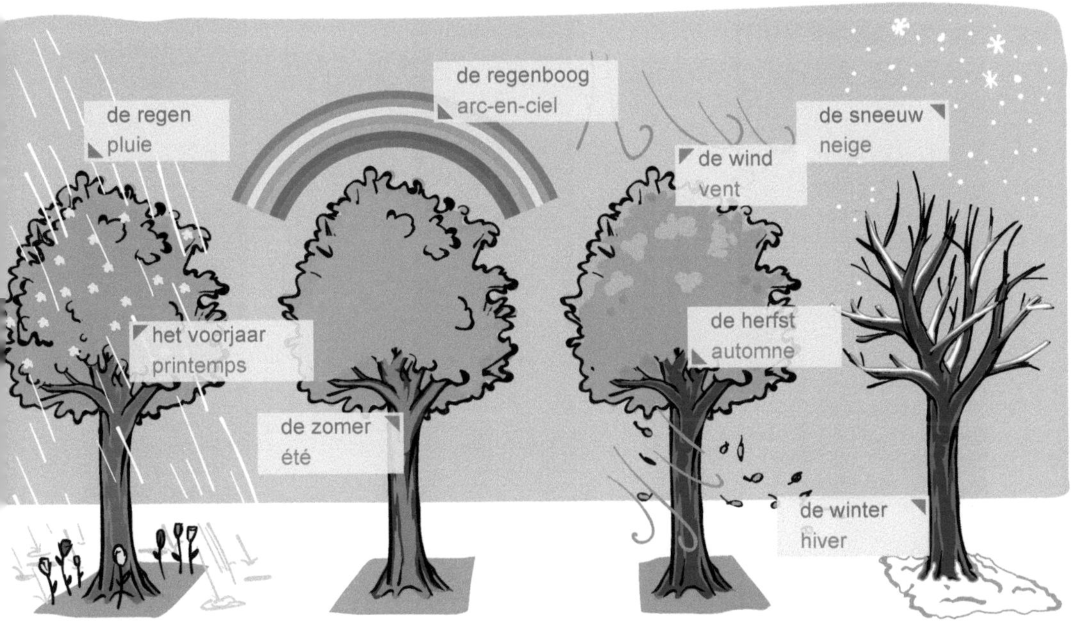

het weerbericht

météo

F C
120 40
90 30
60 20
30 10
0 0
-30 -10
-20

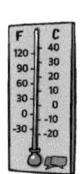

de thermometer

thermomètre

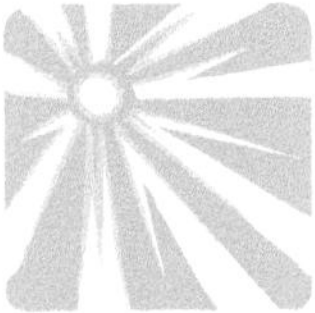

de zonneschijn

lumière du soleil

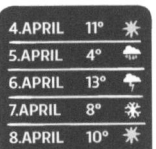

de wolk

nuage

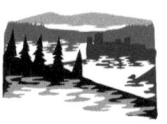

de mist

brouillard

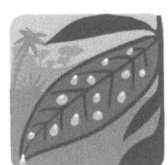

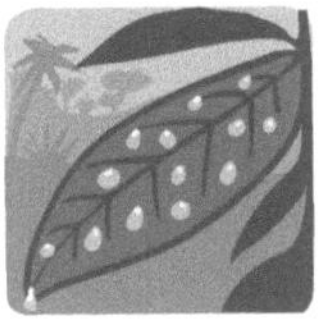

de luchtvochtigheid

humidité

de bliksem

foudre

de donder

tonnerre

de storm

tempête

de hagel

grêle

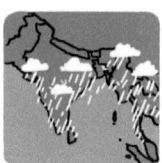

de moesson

mousson

de overstroming

inondation

het ijs

glace

januari

janvier

februari

février

maart

mars

april

avril

mei

mai

juni

juin

juli

juillet

augustus

août

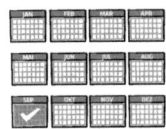

september
....
septembre

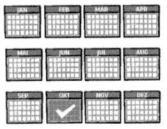

oktober
....
octobre

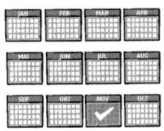

november
....
novembre

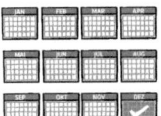

december
....
décembre

de vormen

formes

de cirkel
....
cercle

het vierkant
....
carré

de rechthoek
....
rectangle

de driehoek
....
triangle

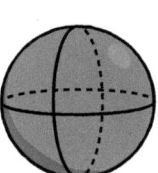

de bol
....
sphère

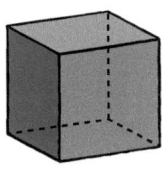

de kubus
....
cube

de kleuren

couleurs

wit

blanc

geel

jaune

oranje

orange

roze

rose

rood

rouge

paars

violet

blauw

bleu

groen

vert

bruin

marron

grijs

gris

zwart

noir

veel / weinig

beaucoup / peu

boos / rustig

fâché / calme

mooi / lelijk

joli / laid

begin / einde

début / fin

groot / klein

grand / petit

licht / donker

clair / obscure

broer / zus

frère / soeur

schoon / vies

propre / sale

volledig / onvolledig

complet / incomplet

dag/ nacht

jour / nuit

dood / levend

mort / vivant

breed / smal

large / étroit

eetbaar / oneetbaar

comestible / incomestible

gemeen / aardig

méchant / gentil

opgewonden / verveeld

excité / ennuyé

dik / dun

gros / mince

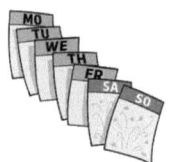

eerste / laatste

premier / dernier

vriend / vijand

ami / ennemi

vol / leeg

plein / vide

hard / zacht

dur / souple

zwaar / licht

lourd / léger

honger / dorst

faim / soif

ziek / gezond

malade / sain

illegaal / legaal

illégal / légal

intelligent / dom

intelligent / stupide

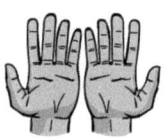

links / rechts

gauche / droite

dichtbij / ver

proche / loin

nieuw / gebruikt

nouveau / usé

niets / iets

rien / quelque chose

oud / jong

vieux / jeune

aan / uit

marche / arrêt

open / gesloten

ouvert / fermé

zacht / luid

faible / fort

rijk / arm

riche / pauvre

goed / fout

correct / incorrect

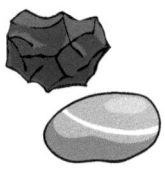

ruw / glad

rugueux / lisse

verdrietig / gelukkig

triste / heureux

kort / lang

court / long

langzaam / snel

lent / rapide

nat / droog

mouillé / sec

warm / koel

chaud / froid

oorlog / vrede

guerre / paix

de getallen

nombres

0

nul

zéro

1

één

un / une

2

twee

deux

3

drie

trois

4

vier

quatre

5

vijf

cinq

6

zes

six

7

zeven

sept

8

acht

huit

9

negen

neuf

10

tien

dix

11

elf

onze

12

twaalf

douze

13

dertien

treize

14

veertien

quatorze

15

vijftien

quinze

16

zestien

seize

17

zeventien

dix-sept

18

achttien

dix-huit

19

negentien

dix-neuf

20

twintig

vingt

100

honderd

cent

1.000

duizend

mille

1.000.000

miljoen

million

Engels

anglais

Amerikaans Engels

anglais américain

Chinees Mandarijn

chinois mandarin

Hindi

hindi

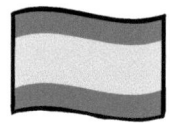

Spaans

espagnol

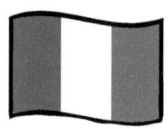

Frans

français

Arabisch

arabe

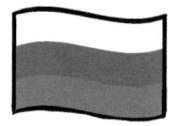

Russisch

russe

Portugees

portugais

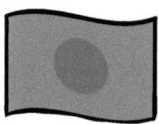

Bengalees

bengali

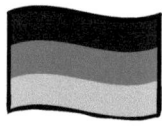

Duits

allemand

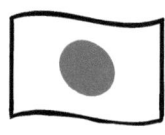

Japans

japonais

ik

je

jij

tu

hij / zij / het

il / elle / ce, c', cela

wij

nous

jullie

vous

zij

ils / elles

wie?

Qui ?

wat?

Quoi ?

hoe?

Comment ?

waar?

Où ?

wanneer?

Quand ?

de naam

nom

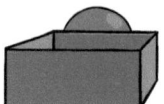

achter

derrière

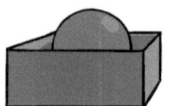

in

dans

voor

devant

boven

au-dessus

op

sur

onder

en-dessous

naast

à côté de

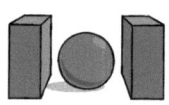

tussen

entre

plaats

lieu